Matthias Lanzrath

Virtualisierung im IT- Bereich

GRIN Verlag

Bibliografische Information der Deutschen Nationalbibliothek:

Die Deutsche Bibliothek verzeichnet diese Publikation in der Deutschen National-
bibliografie; detaillierte bibliografische Daten sind im Internet über http://dnb.d-
nb.de/ abrufbar.

Impressum:

Copyright © 2010 GRIN Verlag GmbH
Druck und Bindung: Books on Demand GmbH, Norderstedt Germany
ISBN: 978-3-656-20549-4

Dieses Buch bei GRIN:

http://www.grin.com/de/e-book/194785/virtualisierung-im-it-bereich

FOM – Fachhochschule für Oekonomie und Management

Standort Köln / Leverkusen

Berufsbegleitender Studiengang Wirtschaftsinformatik

3. Fachsemester

Hausarbeit im Fach „IT – Infrastruktur"

Virtualisierung

Autor: Matthias Lanzrath

Köln, den 31. Mai 2010

Inhaltsverzeichnis

1. Einleitung

Der Begriff Virtualisierung ist in den letzten Jahren zu einem regelrechten „Hype" in der Informationstechnologie, bei IT-Verantwortlichen und Unternehmen geworden. Verschiedene Gründe wie das Thema der Green-IT, also einer energieeffizienten Gestaltung von Infrastruktur aber auch eine effiziente Ausgestaltung und Weiterentwicklung von Prozessen (gerade im IT-Bereich selbst) sind hierfür ausschlaggebend. Zudem schreitet die Entwicklung von Virtualisierungslösungen durch die Hersteller immer weiter voran, so dass fast quartalsweise neue marktreife Produkte und Lösungen veröffentlicht werden. Mittlerweile ist Virtualisierung so wichtig geworden, dass sie aus dem heutigen IT-Umfeld nicht mehr wegzudenken ist. Das vorliegende Kapitel beschreibt die Zielsetzung, liefert eine Begründung für die Themenauswahl und klärt die grundlegende Methodik der Hausarbeit. Weiterhin soll Aufschluss darüber gegeben werden, was unter dem Begriff der Virtualisierung im IT-Bereich grundsätzlich zu verstehen ist, gefolgt von einem kurzen geschichtlichen Kontext ihrer Entwicklung.

1.1   Ziele der Arbeit

Diese Hausarbeit soll einen Überblick zur Virtualisierung im IT-Bereich ermöglichen. Nach einem kurzen historischen Hintergrund werden die theoretischen Grundlagen der verschiedenen Begriffe und Technologien erläutert inklusive von genauen Funktionsbeschreibungen. Insbesondere sollen dabei die generellen Unterschiede zwischen Virtualisierung auf Hardware- und Softwareebene aufgezeigt werden. Hauptaugenmerk liegt dabei auf einer detaillierten Betrachtungsweise der Prozessorvirtualisierung, sowie einem Vergleich zur der Betriebssystemvirtualisierung auf Softwareebene. Daraufhin werden die beiden Technologien miteinander verglichen und abschließend bewertet. Im Anschluss werden verschiedene Möglichkeiten zur strategischen und praktischen Umsetzung von Virtualisierung aufgezeigt. Aus diesen Informationen ergibt sich dann später eine Wirtschaftlichkeitsbetrachtung, in der die finanziellen Aspekte und Auswirkungen der Technologie auf Unternehmen untersucht werden. Zusammenfassend werden die Untersuchungen in einem Fazit gegenübergestellt und ein Ausblick auf die mögliche Entwicklung und die Bedeutung der Virtualisierung im IT-Umfeld gegeben.

1.2 Heranführung an die Thematik – Was ist Virtualisierung?

Grundsätzlich wird der Begriff der „Virtualisierung" in der Informatik für verschiedene Anwendungsfälle verwendet, weshalb es übergreifend noch keine einheitliche Definition dieses Begriffs gibt. Für den Bereich der IT-Infrastruktur wird Virtualisierung in gängiger Fachliteratur wie folgt dargestellt.

Die „[…] Virtualisierung beschreibt eine Abstraktion von Hardware-Ressourcen hin zu einer virtuellen Maschine." Diese Abstraktion schafft eine neue abstrakte, logische Ebene auf Basis der vorhandenen Hardware, „[…] die sich ihrerseits wie eigenständige Computer verhalten und die in ihnen ausgeführten Operationen auf die tatsächlich vorhandende Hardware abbilden." [1]

1.3 Geschichte der Virtualisierung

Die Idee bzw. das Grundkonzept einer virtualisierten Systemarchitektur stammt aus den siebziger Jahren. Es wurde von Gerald Popek und Robert Goldberg im sog. „Popek-Goldberg-Papier" im Jahre 1974 unter dem Artikel „Formal requirements for virtualizable third generation architectures" [2] veröffentlicht. Die drei wesentlichen Anforderungen sind demnach: Effizienz, Äquivalenz und Ressourcenkontrolle. Zunächst bildete diese Technik die nur genaue Hardware eines Großrechners ab, beispielsweise IBM Mainframe Rechners wie dem CP-40. Hier wurde die Technik genutzt, um diesen auf mehrere Konsolen aufzuteilen.

Die letzten Jahre erlebte die Virtualisierung aufgrund der wachsenden und immer leistungsfähigeren PC- und Serverhardware immer größer werdendes Interesse und eine steigende Nachfrage. 1999 wurde der erste „Virtual Machine Monitor" von dem amerikanischen Unternehmen VMware auf dem Markt veröffentlicht. Das Produkt wurde seitdem stets weiterentwickelt, so dass VMware heute Weltmarktführer im Bereich der Virtualisierung ist.

---

[1] Thorns, Fabian (2008): Das Virtualisierungs-Buch, 2. überarbeitete Aufl. , Böblingen C&L Computer und Literaturverlag 2008 S. 17
[2] vgl. Popek & Goldberg: Formal requirements for virtualizable third generation architecturs http://portal.acm.org/citation.cfm?id=361011.361073

4

2. Hardwarevirtualisierung

Das nachfolgende Kapitel beinhaltet die theoretischen Grundlagen zum Verständnis von Virtualisierung. Es erklärt den Ablauf und die Funktionen der Vorgänge, um die Kernbestandteile eines Computers wie Prozessor, Speicher und Netzwerkumgebung zu abstrahieren.

Wesentliche Aufgabe einer Virtualisierungslösung ist es, eine Reihe von einer oder mehreren Betriebssystemumgebungen unabhängig auf einem physischen Hostsystem zu betreiben. Kernpunkt ist dabei die Aufteilung und Steuerung der Hardwareressourcen für diese einzelnen virtuellen Maschinen. Das System regelt für mehrere Betriebssysteminstanzen den logischen Zugriff auf die Kernkomponenten eines Computers. So wird es schließlich auch möglich unterschiedliche Betriebssysteme gleichzeitig auf einem Hostsystem zu betreiben und damit eine maximale Effizienz an Auslastung und einen hohen Wirkungsgrad zu erzielen. Virtualisierungstechniken bei Prozessoren, Speicher und Netzwerk spielen dabei eine wesentliche Rolle.

2.1 Prozessorvirtualisierung

Generell werden sowohl in konventionellen Installationen als auch in virtuellen Maschinen die Hardwarezugriffe durch das Betriebssystem gesteuert. Somit liegt ein Betriebssystem gewissermaßen als logische Schicht zwischen der Hardware und der Applikation und regelt deren Zugriffe durch vordefinierte Schnittstellen und Protokolle. In dieser festen Hierarchie hat das Betriebssystem also als einziges Programm vollständigen Zugriff auf die Hardware eines Computersystems.

Bei der Befehlsausführung eines x86-Prozessors spricht man vom sog. „Ring-Modell". Es ist ein 4- stufiges (Ebene 0-3) Privilegien und Zugriffssystem, welches direkt durch die Hardware abgebildet wird. Bei Anwendungen, die auf Schicht 3 ausgeführt werden spricht man vom sog. „User-Mode" (Benutzermodus). Das Betriebssystem läuft auf Schicht 0 im sog. „Kernel-Modus". Die restlichen Schichten 1 und 2 wurden nur sehr selten benutzt, bspw. von OS/2. [3] Die folgende Abbildung verdeutlicht dieses Modell.

---

[3] vgl. Thorns, Fabian (2008): Das Virtualisierungs-Buch, 2. überarbeitete Aufl. , Böblingen C&L Computer und Literaturverlag 2008 S. 23

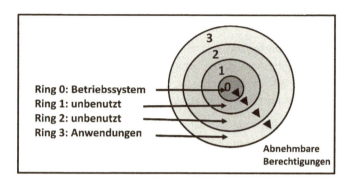

Ring 0: Betriebssystem
Ring 1: unbenutzt
Ring 2: unbenutzt
Ring 3: Anwendungen

Abnehmbare
Berechtigungen

Abbildung 1: klassisches Ringmodell

Quelle: Thorns, Fabian (2008): Das Virtualisierungs-Buch, 2. überarbeitete Aufl. , Böblingen C&L Computer und Literaturverlag 2008 S. 23

Das eigentliche Kernstück einer Virtualisierungslösung bildet immer der sog. „Hypervisor". Er funktioniert als Schnittstelle zwischen den eigentlichen Hardwareressourcen des Hostsystems und der unterschiedlichen virtualisierten Betriebssysteme. Anforderungen an die Hardware eines Hostsystems werden über den Hypervisor geregelt, kontrolliert und gesteuert. Somit verfügt dieser über die kompletten Ressourcen des Hostsystems und kann diese Ressourcen wiederum den Betriebssystemen nach bestimmbaren Regeln bereitstellen. Rechen- und Steueroperationen, welche an den Prozessorkern gesendet werden, werden vom Hypervisor abgefangen und kontrolliert weitergeleitet. D.h. es liegt eine Isolation zwischen dem Host und den virtuellen Betriebssysteminstanzen (Gastsysteme) vor. Die Gastbetriebssysteme (Virtual Machines) nehmen nun nicht alle Hardwareressourcen in Anspruch, sondern nur diejenigen, welche sie vom Virtualisierungssystem zugewiesen bekommen.

Programme welche auf Schicht 3, also im sog. User-Mode (Benutzermodus) laufen initiieren spezielle Systemaufrufe (Syscalls), um den Prozessor im Kernel-Modus dazu aufzufordern eine besondere Operation auszuführen. Im Prozessor wird dann eine Unterbrechung (Interrupt) ausgelöst und die Prozessorzeit dieser einen Operation zur Verfügung gestellt. An dieser Stelle sorgt das Betriebssystem dafür, dass das Programm z.B. bei einer Speicherbelegung nicht ohne Weiteres den kompletten Hauptspeicher für sich beanspruchen. Versucht ein Programm bspw. dennoch weiteren Speicher für sich zu beanspruchen, werden an dieser Stelle vom Betriebssystem sog. „Exceptions" (Ausnahmefehler) erzeugt.

Bei der Virtualisierung geht es darum die einzelnen unterschiedlichen Befehle, sowohl die, welche im Kernel-Modus als auch die im User-Mode, also auf Schicht 3 herauszufinden und diese wiederum jeweils den einzelnen virtuellen Maschinen (VMs) wieder genau zuzuweisen bzw. entsprechend zu antworten, damit es nicht zu Komplikationen zwischen den VMs kommt.

Da die Betriebssysteme der virtuellen Maschinen nicht alle auf Ring 0 im Prozessor eines Hostsystems laufen dürfen, da Sie sich sonst gegenseitig behindern würden, liegt an dieser Stelle nun der „Hypervisor" einer Virtualisierungslösung. Eine Ausführung des Betriebssystems auf höherer Ebene führt nun zwangsweise zu einer Schutzverletzung beim Zugriff auf die Hardware. Die daraufhin erzeugte Exception wird als Interrupt an den Hypervisor von Ring 1 an Ring 0 weitergegeben und dort zur Ausführung gebracht. Im Prozessor wird dann durch den Hypervisor ein „Handle" erzeugt. Dieser sog. Identifikator für die, von der virtuellen Maschine angefragte, Operation ordnet das Ergebnis dieser wiederum der VM zu. Diese Umsetzung ist an dieser Stelle zwar sehr schnell, dennoch im Vergleich zu einer direkten Ausführung ohne Virtualisierung mit gewissen Geschwindigkeitseinbußen verbunden. Das neue Konzept ist in folgender Abbildung dargestellt. Ein Beispiel dafür ist VMwares ESX.

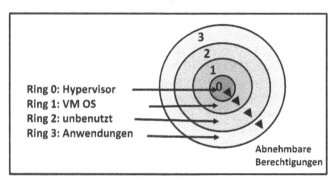

Abbildung 2: Ringmodell bei der Virtualisierung

Quelle: eigene Darstellung

Dies allein reicht aber noch nicht ganz für eine vollständige Virtualisierung. Lese- und Schreiboperationen, welche auf Ring 3 stattfinden erzeugen nicht ausschließlich immer Exceptions. Auf der anderen Seite verändern allerdings auch manche Befehle ihren Rückgabewert, wenn Sie nur auf Ring 0 ausgeführt werden. Diese beiden Arten von Befehlen müssen zuerst erkannt und dann virtualisiert werden.

Das Auslesen und Erkennen und virtualisierungsrelevanten Operationen bei einer x86 Prozessorarchitektur bezeichnet man in der Literatur als „binary Translation" [4]. Dieser Prozess geschieht zur Laufzeit eines Programms. D.h. die Befehle werden nicht unkontrolliert an das Rechenwerk und Steuerwerk eines Prozessors weitergegeben, sondern zunächst nur zwischengespeichert (gecacht).

Dieser Vorgang ist äußerst komplex und erzeugt dadurch einen gewissen Overhead. Die Fähigkeit, wann eine bestimmte für den Hypervisor relevante Operation innerhalb eines Prozessors abläuft, regelt eine neue, zusätzliche Befehlssatz-Technologie. Neben den bekannten Prozessorbefehlssätzen wie etwa MMX, SSE2, SSE3, EM64 usw. heißt die Virtualisierungskomponente bei AMD (SVM – Secure Virtual Machine) oder einfach AMD – V (Virtualization) und wurde unter dem Codename „Pacifica" [5] in aktuelle Athlon64, X2, Phenom und weitere Prozessoren eingebaut. Intels Prozessorerweiterung in den neuen Xeon, Core2Dou und i-Prozessoren nennt sich dagegen IVT für „Intel Virtualization Technology" und wurden unter dem Codenamen „Vanderpool" [6] veröffentlicht.

Diese beiden Funktionen sind von der Wirkungsweise identisch, jedoch unterschiedlich implementiert und somit auch nicht kompatibel.

IVT reduziert bspw. den Overhead, den diese Operationen verursachen und steuert konkret die virtualisierten Befehle autonom. Innerhalb des Steuerwerks werden im sog. TPR (Task Priotity Register) die Prioritäten der Interupts gespeichert. IVT kopiert diese TPR in ein zusätzlich, eigenes Register und kann an dieser Stelle, so dass nun nicht mehr der Hypervisor oder die VMM angesprochen werden muss. Hierdurch kann eine deutliche Steigerung der Performance erfolgen. [7]

---

[4] K.Adams, O.Agesen A Comparison of Software and Hardware Techniques for x86 Virtualization http://vmware.com/pdf/asplos235_adams.pdf

[5] AMD: AMD64 Virtualization Codenamed „Pacifica" Technology Secure Virtual Machine Archivtecture Reference Manual: http://www.amd.com/us-en/assets/content_type/white_paper_and_tech_docs/33047.pdf

[6] Neiger, Santoni, Leung, Rodgers, Uhling: Intel Virtualization Technology: Hardware Support for Efficient Prozessor Virtualization: http://download.intel.com/technology/itj/2006/v10i3/v10-i3-art01.pdf

[7] Intel: A Superior Hardware for Server Virtualization: A Technology Brief http://download.intel.com/business/resources/briefs/xeon5500/xeon_5500_virtualization.pdf

2.2 Speichervirtualisierung

In Computersystemen werden digitale Informationen in Form von Bytes auf einem Speichersystem (Festplatte) abgespeichert. Festplatten sind magnetisierbare Speichermedien auf denen die Informationen auf einer, mit Eisen-Oxid beschichteten, Aluminiumscheibe abgelegt werden. Der Begriff Bytes steht hierbei für eine Maßeinheit einer gespeicherten Informationen. Die Festplattengrößen reichen in der heutigen Zeit sogar bis zu Größe von zwei Terabyte oder auch zwei Mal 10^12 Byte.

Aufgrund der stetig steigenden Datenflut unseres digitalen Informationszeitalters reichen in den meisten Firmen diese Datengrenzen jedoch seit Jahren nicht mehr aus. Deshalb wurde mit den zuvor beschriebenen Prinzipien der Virtualisierung erfolgreich versucht die Speichergrenzen von Festplatten zu erweitern bzw. zu strukturieren. Unter der Speichervirtualisierung versteht man demnach *„Techniken in der Informatik bei der physische Festplattenspeicher Nutzern und Anwendungen logisch zur Verfügung gestellt werden können."* Praktisch geschieht dies schon seit den Anfängen der Desktopbetriebssysteme Anfang der 90er Jahre wie bspw. in Microsoft Windows. Im Betriebssystem (OS) ist es bis heute möglich die einzelnen Speicherbereiche einer Festplatte in logische Partitionen aufzuteilen.

So ist es bspw. auch möglich Speicherressourcen über die Hardwaregegebenheiten von Festplatten hinaus den Anwendern zur Verfügung zu stellen. Daraus ergeben sich Möglichkeiten Speicherplatz über die eigene Festplatte hinaus mit mehreren Festplatten oder sogar anderen Speichermedien, wie z.B. Flash-Speichern zu teilen. Durch Speichervirtualisierung können aus mehreren Festplatten und/oder Festplattenbereichen zu einem oder mehreren logischen Laufwerken zusammengefasst werden. Diese erscheinen dann dem Betriebssystem als ein „großer" Speicherbereich. Für das OS ist nicht mehr ohne weiteres erkennbar wie viele physische Festplatten sich hinter einem zusammengefassten Speicherbereich (Volume) tatsächlich verbergen. Somit ist dieser Bereich von den Gegebenheiten der einzelnen Hardwarebestandteile abstrahiert. [8]

Diese Form von Flexibilität ist zudem dem Grundlage für ein weiteres Konzept der Ausfallsicherheit von Festplattensystemen. Mit der sog. „RAID-Technologie" (Redundant Array Of Independent Disks) werden mehrere Festplatten in

---

[8] vgl. http://www.searchstorage.de/glossar/Speichervirtualisierung/articles/182767

unterschiedlichen Verfahren sog. RAID-Level zusammengeschlossen. Diese ergeben dann ein gesammeltes logisches Volume. Abhängig von der Art dieser RAID-Level ist es zudem notwendig einen Hardwarecontroller sowie ein bestimmtes BUS-System zu betreiben. BUS-Systeme (Binary Unified System) stellen hierbei die elektronische Verbindungen zwischen den einzelnen Festplattensystemen dar. Sie sind eine wichtige Voraussetzung für die Datenkommunikation der Speichermedien und somit auch für Virtualisierung. Durch die unterschiedlichen RAID-Techniken können Festplattensysteme ausfallsicher und performant ausgelegt werden. Somit entsteht bei einem Hardwaredefekt bzw. einem Festplattenausfall kein Datenverlust. Dies vereinfacht die Nutzung und verbessert dem Umgang mit Datensicherungen, Datenmigrationen und ergibt eine optimalen Speicherausnutzung.

Die modernen Speichertechniken in großen und mittleren Unternehmen stellen dabei die sog. Netzwerkspeichersysteme dar. Sog. „Storage Area Networks" (SANs) stellen eine Vielzahl von Festplatten und BUS-Systemen zu einem oder mehrerer Festplattensubsysteme dar. Diese SANs bestehen im Grunde aus mehreren „Storagecontrollern", mehreren Netzwerkanschlüssen und einer hohen Anzahl an Festplatten. Als Storagecontroller (Speichercontroller) bezeichnet man hierbei die Schnittstelle zwischen dem Festplattensubsystem und dem Speichernetzwerk, auf das Computersysteme und Anwender zugreifen. Er übernimmt die Steuerung die einzelnen Festplatten und regelt den Datenverkehr, die Geschwindigkeit und die Zugriffskontrolle. Zudem stellt er das Management-Interface und die Integrität des Speichersystems sicher.[9]

Durch die Speichervirtualisierung werden Speicherressourcen demnach dynamisch zur Verfügung gestellt. Ein weiterer großer Vorteil ist die vereinfachte Datensicherung, da alle Informationen eines SANs nun zentral verwaltbar und gesichert werden können. Zudem werden Kompatibilitätsprobleme zwischen einzelnen Speicherherstellern überbrückt indem sie durch Virtualisierung logisch abstrahiert werden.

---

[9] vgl. http://www.itwissen.info/definition/lexikon/Speichervirtualisierung-storage-virtualization.html

2.3 Netzwerkvirtualisierung

Neben den Kernkomponenten eines Computers wie CPU, Arbeitsspeicher oder Festplatte lassen sich noch eine Reihe weiterer Hardware „virtualisieren". So ist beispielsweise die Netzwerkkarte (NIC) zentraler Bestandteil der Kommunikation von Computern untereinander. Über diese NIC gelangen digitale Informationen in Echtzeit außerhalb des eigenen Computers, und können wiederum dort empfangen und verarbeitet werden. Im Rahmen der Netzwerkvirtualisierung spielen hier zwei unterschiedliche Begriffe eine Rolle. Mit „Virtual Private Network" (VPN) ist im Ursprung eine Datenverbindung zwischen einem Sender und Empfänger über das öffentliche Internet gemeint. Das „Virtual Local Area Network" (VLAN) beschreibt hingegen ein weiteres getrenntes, logisches Teilnetzes innerhalb eines lokalen Computernetzwerks.

Die logischen Teilnetze innerhalb eines VPN arbeiten auf Schicht 2 bzw. 3 des OSI-Referenzmodells. Über „virtuelle Netzwerkkarten" (Virtual NIC) und einer entsprechenden Software lassen sich eigene logische Teilnetze zwischen verschiedenen Endgeräten bzw. Standorten aufbauen. In der Regel wird diese Technik dazu benutzt, um eine sichere Datenverbindung durch das „unsichere" Medium des Internets aufzubauen. Durch die Routingtechniken des Internet besteht für Dritte die Möglichkeit Datenverkehr unbefugt zu lesen und zu verändern. Mit der Nutzung eines VPN ist dies auch durch Einsatz von verschiedenen Verschlüsselungstechniken und Verfahren nicht mehr ohne Weiteres möglich. VPNs „kapseln" den entstehenden Datenverkehr an der Netzwerkkarte und bilden um ein zu übertragenes Datenpaket eine neue Adressierung mittels eines zusätzliches „IP-Headers". Hierdurch geschieht die Übertragung des Datenpakets in das VPN. Dieser „IP-Header" kann nun vom Empfänger wieder entfernt werden und dort wie gewohnt weiterverarbeitet werden. Die Nutzung eines VPN stellt sich für den Anwender nicht anders dar, als die Nutzung seines eigenen Netzwerks. [10]

VPNs stellen einen wesentlichen Nutzen für Privatanwender, aber allem aber für Unternehmen dar. So lassen sich hierdurch relativ preisgünstig, durch die Nutzung des Übertragungsmediums „Internet", ganze Firmenstandorte und Lokationen vernetzen. Dadurch bieten sie den Firmen die Möglichkeit ein großmaschiges Unternehmensnetzwerk aufzubauen und zu verwalten.

---

[10] vgl. http://www.tcp-ip-info.de/tcp_ip_und_internet/vpn.htm

Ähnlich wie bei VPN werden auch in einem „virtuellen" Computernetzwerk (VLAN) mehrere getrennte logische Teilnetze erstellt. Diese Funktion wird an dieser Stelle jedoch vorwiegend nicht durch Software realisiert. Vielmehr ist dies ein mittlerweile fester Bestandteil der Hardware und wird vor allem in Netzwerkkomponenten wie Switches und Routern verwendet. Somit bleibt die darunter liegende Netzwerkstruktur für das Betriebssystem einen Computers verborgen. Der Switch bzw. Router verändert bzw. kennzeichnet die durch zuleitende Datenpakete aufgrund verschiedener Techniken und Verfahren bspw. anhand des Netzwerkanschlusses oder der Computergruppenzugehörigkeit. Anhand von Konfigurationsschnittstellen an diesen aktiven Netzwerkkomponenten ergeben sich insbesondere für Unternehmen erhebliche Vorteile. So verschafft man sich hierdurch eine flexible Einteilung und Verwaltung von Netzwerken und Arbeitsstationen. Zudem schafft man durch diese Einteilung in mehrere bzw. kleinere Netzwerke eine Reduzierung und somit auch Verkleinerung der sog. „Broadcastdomäne". Hiermit bezeichnet man einen Verbund aus Computern in einem Netzwerk, welcher durch einen speziellen Broadcast (Rundruf) auf einmal angesprochen werden kann. Diese Rundrufe werden z.B. von normalen Programmen genutzt, welche zusätzliche Auslastung auf den Netzwerkstrecken bedeuten können. Somit gewinnt ein Unternehmen also auch hier einen Geschwindigkeitsvorteil bei der internen Datenübertragung. Die folgende Abbildung veranschaulicht eine gängige Modellarchitektur der VLANs in Unternehmen.

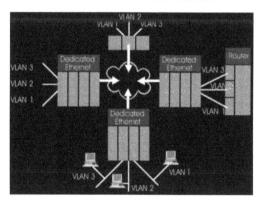

Abbildung 3: Architektur virtueller Netze
Quelle: http://www.itwissen.info/definition/lexikon/virtual-LAN-VLAN-Virtuelles Netz.html

3. Softwarevirtualisierung

Das vorliegende Kapitel behandelt den Teil der Softwarevirtualisierung. Hier werden verschiedene Techniken und Methoden zur Betriebssystem, Anwendungs- und der sog. Paravirtualisierung erläutert.

3.1 Betriebssystemvirtualisierung

Unter Betriebssystemvirtualisierung versteht man die Abstraktion eines kompletten Betriebssystems innerhalb eines Hostsystems. Durch die sog. Softwarekomponente des „Virtual Machine Monitor" (VMM) wird die physische Hardware intelligent verteilt und verwaltet. Somit kann diese einem oder mehreren Virtuellen Maschinen gleichzeitig zur Verfügung gestellt werden. Der große Vorteil liegt auch hier wieder in der Kompatibilität. Es besteht auch hier die Möglichkeit unterschiedliche Betriebssysteme wie Windows oder Linux gleichzeitig auf einem System zu betreiben. Beispiele für VMMs sind die Produkte „VMware Workstation" oder „Microsoft Virtual PC". Die folgende Abbildung zeigt eine schematische Darstellung der Betriebssystemvirtualisierung oberhalb des VMM.

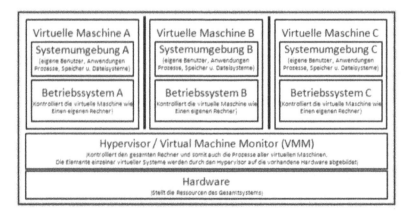

Abbildung 4: getrennte VM-Umgebungen

Quelle: Thorns, Fabian (2008): Das Virtualisierungs-Buch, 2. überarbeitete Aufl. , Böblingen C&L Computer und Literaturverlag 2008 S. 25

Im Gegensatz zur Hardwarevirtualisierung in Kapitel 2 spricht man hier von Softwarevirtualisierung. Hier wird der VMM als zusätzliches Kernelmodus, beispielsweise bei „Microsoft Virtual PC" in ein schon installiertes Windows

Betriebssystem geladen. Somit läuft auch eine Instanz des VMMs auf Ring 1 und ist vom darunterliegenden Betriebssystem abhängig. Dies hat oftmals größere Performanzeinbußen, da wie im Beispiel das Windows Betriebssystem mit der Verwaltung von Ressourcen für virtuelle Maschinen beauftragt ist. Ein zusätzliches Merkmal ist an dieser Stelle der reine explizite Zugriff der VMs auf die Ressourcen des Host-Betriebssystems. An dieser Stelle kann nicht mit weiteren evtl. netzwerktauglichen Ressourcen gearbeitet werden, es sei denn das Hostsystem hat diese selbst implementiert. Vorteil bei diesen Mischformen wie Vmware Workstation bspw. sind dagegen vom administrativen Aufwand her einfacher und schneller zu installieren. Ggfs. muss allerdings darauf geachtet werden, dass unter Umständen das HOST-Betriebssystem, in dem der VMM läuft zusätzlich lizenziert werden muss. Die reine Softwarevirtualisierung auf Betriebssystemebene wird meist im privaten Bereich, bei Firmen eher im Entwicklungs- und Testbereich eingesetzt.

3.2 Anwendungsvirtualisierung

So wie bei der Betriebssystemvirtualisierung ein System von der Gebundenheit an physischer Hardware „entkoppelt" wird, so verhält es sich bei der Anwendungsvirtualisierung mit Programmen. Programme werden mit spezieller Software vom Betriebssystem isoliert. Die Software stellt damit für Programme eine sog. „Sand box" (Sandkasten) Umgebung zur Verfügung in denen sie installiert sind und eine eigene Betriebssystemumgebung emulieren. Komplette Programme werden in eine eigene ausführbare Datei kompiliert und müssen auf dem Betriebssystem nicht mehr installiert werden.

„The virtualized applications do not make any changes to the underlying OS". [11]

Somit sind Programme von Betriebssystemen entkoppelt. Aus der Anwendungsvirtualisierung ergeben sich eine ganze Reihe von Vorteilen. Zum einen steigt die Portabilität von Programmen dadurch, dass diese nur noch in einer einzigen, kopierbaren Datei vorhanden sind. Zum anderen eliminieren sich dadurch Kompatibilitätsprobleme zwischen den Anwendungen, so dass es nun möglich ist Programme gleichzeitig laufen zu lassen wie bspw. Microsoft Office 2003, Microsoft Office 2007 oder Office 2010. Probleme machen in diesem Umfeld lediglich noch Programme, welche spezielle Treiber benötigen, da sich diese dort nicht ohne Weiteres virtualisieren lassen.

---

[11] vgl. https://www.vmware.com/files/pdf/VMware-ThinApp-DS-EN.pdf

3.3 Paravirtualisierung

Bei der reinen Betriebssystemvirtualisierung mittels VMM abstrahiert ein Hypervisor (Virtualisierungsschicht) ein darunterliegendes Computersystem. Verbesserte Performance und Effizienz wird durch die Kommunikation zwischen Gastbetriebssystem und Hypervisor erzielt. „Wenn das Gastbetriebssystem dem Hypervisor seine Absichten mitteilen kann, lässt sich die Performance einer virtuellen Maschine steigern, da beide Komponenten zusammenarbeiten können. Diese Art der Kommunikation wird als Paravirtualisierung bezeichnet."[12]

Der Hersteller VMware hat in seinen Produkten die Paravirtualisierungs-Schnittstelle VMI (Virtual Machine Interface) integriert, mit der sich aus einer virtuellen Maschine heraus direkt auf die Hardware des Hostsystems zugreifen lässt. Citrix Xen Server setzt dagegen vollständig auf paravirtualisierte Systeme.

4. Virtualisierungsstrategien

4.1 Schulungen

Die vielen Vorteile aus den bisher genannten Technologien lassen sich als Grundlage und zugleich Begründung für den Einsatz von Virtualisierung in Unternehmen finden. Es bieten sich in diversen Bereichen eine Reihe von Einsatzszenarien und Anwendungsbeispiele sog. „Use-Cases". So ist es bspw. im Schulungsbereich notwendig einer unterschiedlichen Anzahl von Benutzern vermehrt standardisierte Systeme zur Verfügung zu stellen. Gleichzeitig kann es aber auch von Wichtigkeit sein das Portfolio der zu schulenden Anwendungen zu vergrößern und zu erweitern. Die Bereitstellung dieser Systeme erfordert jedoch hohen Installations- und Wartungsaufwand, da sie immer wieder für neue Anwender vorzubereiten sind. Hier kann Virtualisierung helfen den Arbeitsaufwand erheblich zu entlasten und zu beschleunigen. So kann eine einmal existierende Grundkonfiguration innerhalb von Sekunden immer und immer wieder erzeugt werden, auch wenn Schulungsteilnehmer Konfigurationen an Rechnern versehentlich oder bewusst verändern. Spezielle Systeme können aber auch für Praxisaufgaben und Prüfungen bereitgestellt werden, die z.B. eine bestimmte Fehlkonfiguration zeigen, welche in einem Schulungsverfahren geprüft werden kann.

---

[12] vgl. https://www.vmware.com/de/interfaces/paravirtualization.html

4.2 Desktop Virtualisierung

Ein zusätzlicher, sich abzeichnender Trend geht vom sog. „Server-Based-Computing" aus. Hintergrund ist die zentrale Bereitstellung von Arbeitsplatzumgebungen aus einem Rechenzentrum. Dies erreicht man hierbei durch den Einsatz von Desktop-Virtualisierung. Virtuelle Infrastrukturen in Unternehmen dienen als Grundlage für die Bereitstellung einer hohen Anzahl an virtualisierten Desktop-Betriebssystemen wie Windows oder Linux. Der Vorteil liegt hier vor allem in der Wartung und Administration dieser Systeme, aber auch im Sicherheitsaspekt. An einer zentralen Stelle lassen sich somit Sicherheitsrichtlinien im Umgang mit der elektronischen Datenverarbeitung viel einfacher und schneller implementieren und umsetzen. Zudem lässt sich das Unternehmensnetzwerk dadurch mit weniger Aufwand ausbauen.

Benutzer erhalten daraufhin im Idealfall nur sog. „Thin-Clients". Die *„Thin clients function as regular PCs, but lack hard drives and typically do not have extra I/O ports or other unnecessary features."*[13] Sie sind also im Grund von der Funktion her eingeschränkte Endgeräte im Vergleich zu einem vollständigen PC, welche gerade im Zusammenhang mit Server-Based-Computing enorme Vorteile mit sich bringen.

So ist ein Thin-Client im Gegensatz zu einem normalen PC („Fat-Client") wesentlich kleiner und kompakter. Dadurch dass in dem Gerät typischerweise keine Festplatte eingebaut ist und keinerlei optische Laufwerke vorhanden sind ist es auch nicht möglich dieses mit Software bespielen. Es befinden sich lediglich Anschlüsse für Ein- und Ausgabegeräte wie Maus, Tastatur und Monitor aber auch Anschlüsse anderer Peripheriegeräte wie Drucker oder Scanner an dem Gerät. Eine vorhandene Firmware, welche Befehle unmittelbar direkt an die Hardwarekomponenten weitergibt, verwaltet zudem noch die dringend für den Betrieb von Thin-Clients notwendige Netzwerkverbindung.

Somit dient ein Thin-Client nur noch als simples Ein- und Ausgabegerät, der jedoch die Verbindung auf den virtualisierten Arbeitsplatz herstellt. In den vergangenen Jahren war eine reine Thin-Client Umgebung bei vielen Anwendern eher unbeliebt resultierend aus den damit verbundenen Einschränkungen. Durch die Kapselung der Arbeitsplatzumgebungen in virtuelle Maschinen verhält es sich jedoch für den Nutzer so, als würde er eine entsprechende lokale Arbeitsumgebung benutzen. Viele Endgeräte und

---

[13] vgl. http://www.techterms.com/definition/thinclient

Desktopvirtualisierungslösungen bieten zudem die Möglichkeit über USB angeschlossene Peripheriegeräte auch innerhalb der virtuellen Umgebung zu nutzen. Somit entsteht für den Anwender nahezu kein Unterschied mehr in Bezug auf einen normalen PC-Arbeitsplatz. Zusätzlich   kann ein Unternehmen die Arbeitsplatzumgebung seinen Mitarbeiten nahezu überall bereitstellen. Durch Zugriffsmöglichkeiten seitens der Hersteller entsprechend über das Internet, über eine private Internetleitung daheim sogar über ein mobiles Endgerät wie einem Laptop oder Mobiltelefon auf seinen Arbeitsplatz zugegriffen werden. Dies schafft für Mitarbeiter eine bisher noch nicht weit verbreitete Flexibilität.

Wirtschaftlich betrachtet ist ein Thin-Client von der Anschaffung her zudem preisgünstiger als ein PC. Dadurch, dass in Ihm keine mechanischen Teile verbaut sind, ist die Lebenserwartung dieser Geräte im Durschnitt deutlich höher im Vergleich. Der geringe Stromverbrauch von nur ca. 3W – 15W machen den Thin-Client auch ökologisch attraktiv. [14]

Jedoch müssen die finanziellen Ersparnisse einer Thin-Client Umgebung mit den Investitionen und Betriebskosten einer größeren Struktur im Rechenzentrum verglichen werden. Einen Überblick darüber gibt die nachfolgende Wirtschaftlichkeitsbetrachtung.

---

[14] Knermann, Christian Fraunhofer-Institut für Umwelt-, Sicherheits- und Energietechnik V.1 2008
http://cc-asp.fraunhofer.de/docs/PCvsTC-de.pdf

5. Wirtschaftlichkeitsbetrachtung

Mit ein Grund für das schnelle Fortschreiten der Entwicklung und des Einsatzes von Virtualisierung ist die positive Betrachtung der Wirtschaftlichkeit und Rentabilität. Bei einer Wirtschaftslichkeitsbetrachtung handelt es sich um eine Bewertungsmethode, bei der unter Kostengesichtspunkten die monetäre Vorteilhaftigkeit einer geplanten Investition betrachtet wird. Es wird ermittelt in wie weit ein geplantes Projekt rentabel sein kann. Zudem empfiehlt es sich jedoch auch qualitative Wirkungen bei der Entscheidungsfindung zu berücksichtigen. [15] Eine detaillierte, mit Kennzahlen belegbare Auflistung der Einsparpotenziale ist an dieser Stelle leider nicht möglich. Aufgrund unterschiedlicher Einflussfaktoren und komplexer Prozesse in Unternehmen lässt sich leider nur schwer pauschal beziffern wie viel finanzielle Mittel sich konkret Einsparen lassen. Dennoch sollen die Möglichkeiten und Vorteile durch virtualisierte Umgebungen einen Überblick über die potenziellen Einsparungen geben.

In Zeiten von steigenden Energiebedarf und gleichzeitig steigenden Energiepreisen ist vor allem auch der Stromverbrauch in Rechenzentren in den Focus gerückt. Durch den hohen Wirkungsgrad und eine gestiegene Systemdichte können somit Server konsolidiert und auf einem virtualisierten Hostsystem zur Verfügung gestellt werden. Dadurch wird auf der einen Seite der Stromverbrauch reduziert auf der anderen Seite jedoch auch der Kühlungsaufwand, weil die Systeme insgesamt weniger Abwärme produzieren. Zudem brauchen die Server weniger räumlichen Platz in Rechenzentren, der unter Umständen angemietet werden muss.

Gleichzeitig sinkt jedoch auch der Arbeitsaufwand durch die einfachere und zentrale Verwaltbarkeit der Systeme. So fallen bspw. weniger Hardware- und Wartungskosten für eine ganze Reihe von Servern an, wenn ein Unternehmen es schafft diese zu konsolidieren. Die kürzere und schnellere Bereitstellung von neuen Systemen schafft damit auch eine höhere Produktivität, welche wiederum einem Unternehmen einen höheren wirtschaftlichen Erfolg bringen kann.

Große Einsparpotenziale ergeben sich bei einem Einsatz von Desktopvirtualisierungs-Umgebungen. Dazu richten die Unternehmen meist

---

[15] vgl. Winkelhofer, Management- und Projektmethoden 3. Auflage, 2005, S. 58 ff.

ihre bisherige Desktopstrategie komplett neu aus. Ziel ist es eine komplette Arbeitsplatzstruktur aus Thin-Clients mithilfe des Server-Based Computing Konzepts zu errichten. Auch Thin-Clients erfordern geringeren Wartungsaufwand als herkömmliche PCs, verbrauchen bis zu 99,5 % weniger Strom und sind günstiger in der Anschaffung. Größter Verwaltungsvorteil ist hierbei die Konsolidierung der vorhandenen PC-Infrastruktur zu einem einzigen virtuellen Image, einer Grundkonfiguration die als Grundlage für die virtuellen Arbeitsplätze dient. Hier kann bei Unternehmen der größte Teil der Kosteneinsparungen erzielt werden durch standardisierte Prozesse und geringerem Verwaltungsaufwand. Ein Unternehmen müsste dann nur noch mit verhältnismäßig geringen Betriebskosten der virtuellen Infrastruktur und der Endgeräte rechnen.

Den Einsparpotenzialen stehen auf der anderen Seite jedoch zunächst einmal höhere Investitionen gegenüber. Auch virtualisierte Systeme kosten Geld. So ist es zunächst einmal erforderlich die Mitarbeiter zunächst einmal in dem Produkt zu schulen. Weiterhin müssen Lizenzkosten für virtuelle Systeme und deren Ausprägungen bei Herstellern wie VMware, Citrix oder Microsoft berücksichtigt werden. Viele Unternehmen investieren auch erst zusätzlich einmal in komplett neue Hardware-Systeme, die seitens der Hardware-Hersteller speziell für virtualisierte Umgebungen entwickelt wurden.

Bei der hohen Systemdichte und der Skalierbarkeit virtueller Infrastrukturen, so dass es heute ohne Weiteres möglich ist z.B. 100 -150 vollständig virtualisierte Arbeitsplatzsysteme auf einem Host-Server abzubilden, rechnet sich diese Technologie durchaus. Gängige Wirtschaftlichkeitsstudien von Unternehmen und Herstellern zeigen Amortisationen nach spätestens drei Jahren.

6. Fazit

Zusammenfassend ergeben sich allein durch die Techniken und Produkte der Virtualisierung erhebliche Vorteile, vor allem für die Unternehmens-IT. Dabei sind vor allem die wesentlichen Unterschiede bei Hardware- und Softwarevirtualisierung miteinander zu vergleichen. So setzt sich bspw. in der Hardwarevirtualisierung die Virtualisierungsschnittstelle (Hypervisor) direkt an die Hardware und kann die einzelnen Befehle direkt interpretieren und ausführen. Bei der Softwarevirtualisierung arbeitet diese Schnittstelle (VMM) innerhalb des installierten Betriebssystems und ist von den Ressourcen und der Steuerung durch das Betriebssystem abhängig. Auf der Hardwareseite ist der Performanceverlust durch das Abfangen von virtualisierten Befehlen wesentlich geringer als innerhalb eines Betriebssystems. Mit der Weiterentwicklung der Virtualsierungstechniken ist abzusehen, dass diese wenigen Einbußen sogar gänzlich verschwinden werden. Zum einen schafft sie mehr Flexibilität hinsichtlich Ressourcennutzung und Verwaltung von Servern und Netzwerkinfrastrukturen. Bereitstellungszeiten für neue Systeme werden beschleunigt bzw. verkürzt. Die Abstraktion bzw. die Gebundenheit von Systemen an vorhandene physische Hardware erlaubt eine bisher noch nicht dagewesene Systemkonsistenz und Kompatibilität, da es für die einzelnen virtuellen Maschinen nicht von Belang ist, ob sie auf einem Server von HP, DELL, IBM etc. betrieben werden. Zum anderen kann durch die dynamische Verteilung der Hardwareressourcen ein viel effizienterer Auslastungsgrad von Serversystemen erreicht werden. Daraus resultierend folglich auch eine höhere Serverdichte mit mehr Systemen, die zudem noch skalierbar ist.

Gerade auch die finanziellen Vorteile aus einer Wirtschaftslichkeitsbetrachtung haben Virtualisierung für Unternehmen in den letzten Jahren attraktiv gemacht. Sie bildet immer mehr und mehr die Grundlage für alle denkbaren IT-Dienste und Leistungen. Computergestützte Systeme haben sich in den vergangenen Jahrzenten deutlich in allen Wirtschaftsbereichen durchgesetzt und sind somit ein essentieller Bestandteil aller Leistungs– und Wertschöpfungsprozesse geworden. Virtualisierung erlaubt als Teil dieser Wertschöpfungskette die schnellere, dynamischere und verwaltbare der IT Ressourcen und sorgt damit für hohe Effizienz und Agilität im unternehmerischen Kerngeschäft. Durch kürzere und schnellere Bereitstellungszeiten verschafft sie einem Unternehmen, gerade und vor allem auf hochdynamischen Märkten einen bedeutenden Wettbewerbsvorteil.

7.1 Literaturverzeichnis

Bücher:

Thorns, Fabian (2008): Das Virtualisierungs-Buch, 2. überarbeitete Auflage, Böblingen, C&L Computer und Literaturverlag 2008 S. 17ff.

Winkelhofer, G. (2005): Management- und Projektmethoden
Ein Leitfaden für IT, Organisation und Unternehmensführung, 3. Auflage, 2005, Berlin Heidelberg, Springer Verlag S. 58ff.

Internetquellen:

Popek & Goldberg Formal requirements for virtualizable third generation architecturs http://portal.acm.org/citation.cfm?id=361011.361073
Stand: Juli 1974 – aufgerufen am 26. März 2010 15:16 Uhr

K.Adams, O.Agesen A Comparison of Software and Hardware Techniques for x86 Virtualization http://vmware.com/pdf/asplos235_adams.pdf
aufgerufen am 28. März 2010 09:20 Uhr

AMD AMD64 Virtualization Codenamed „Pacifica" Technology Secure Virtual Machine Archivtecture Reference Manual: http://www.amd.com/us-en/assets/content_type/white_paper_and_tech_docs/33047.pdf
aufgerufen am 28. März 2010 13:03 Uhr

Neiger, Santoni, Leung, Rodgers, Uhling Intel Virtualization Technology: Hardware Support for Efficient Prozessor Virtualization:
http://download.intel.com/technology/itj/2006/v10i3/v10-i3-art01.pdf
Stand: Issue 03 August 2006 - aufgerufen a, 31. März 2010 12:27 Uhr

Intel: A Superior Hardware for Server Virtualization: A Technology Brief
http://download.intel.com/business/resources/briefs/xeon5500/xeon_5500_vir
tualization.pdf
Stand: September 2009 - aufgerufen a, 26. Mai 2010 22:15 Uhr

IT – Wissen das große Online-Lexikon für Informationstechnologie
http://www.itwissen.info/definition/lexikon/Speichervirtualisierung-storage-
virtualization.html
aufgerufen am 06. April 2010 17:50 Uhr

TCP / IP – Internet und Sicherheit
http://www.tcp-ip-info.de/tcp_ip_und_internet/vpn.htm
aufgerufen am 06. Mai 2010 18:15 Uhr

Searchstorage
http://www.searchstorage.de/glossar/Speichervirtualisierung/articles/182767/
aufgerufen am 04. April 2010 00:21 Uhr

VMware Thinapp 4.5 Datasheet
https://www.vmware.com/files/pdf/VMware-ThinApp-DS-EN.pdf
Stand 2010 - aufgerufen am 17. Mai 2010 19:48 uhr

VMware Standards und Schnittstellen – Transparente Paravirtualisierung
https://www.vmware.com/de/interfaces/paravirtualization.html
aufgerufen am 17. Mai 2010 21:16 Uhr

Wikipedia
http://de.wikipedia.org/wiki/Virtualisierung_(Informatik)
Stand: 14. Mai 2010 – aufgerufen am 14. Mai 2010 14:30 Uhr

Tech Terms Computer Dictionary
http://www.techterms.com/definition/thinclient
Stand: 2010 - aufgerufen am 14. Mai 2010 10:21 Uhr

Knermann, Christian
Fraunhofer-Institut für Umwelt-, Sicherheits- und Energietechnik V.1 2008
PC vs. Thin-Client - Wirtschaftslichkeitsbetrachtung
ttp://cc-asp.fraunhofer.de/docs/PCvsTC-de.pdf
Stand: 20.02.2008 – aufgerufen am 18. Mai 2010 09:53 Uhr

7.2 Abbildungsverzeichnis

Abb. 1: klassisches Ringmodell
Thorns, Fabian (2008): Das Virtualisierungs-Buch, 2. überarbeitete Aufl. ,
Böblingen C&L Computer und Literaturverlag 2008 S. 23

Abb. 2: Ringmodell in der Virtualisierung
Eigene Darstellung

Abb. 3: Architektur virtueller Netze
IT – Wissen das große Online-Lexikon für Informationstechnologie
http://www.itwissen.info/definition/lexikon/Speichervirtualisierung-storage-
virtualization.html - aufgerufen am 06. April 2010 13.30 Uhr

Abb. 4: getrennte VM-Umgebungen
Thorns, Fabian (2008): Das Virtualisierungs-Buch, 2. überarbeitete Aufl. ,
Böblingen C&L Computer und Literaturverlag 2008 S. 25

7.3 Glossar

AMD	Advanced Micro Devices
BUS	Binary Unified System
CPU	Central Processing Unit
EM64T	Extended Memory 64bit Technology
I / O	Input / Output
IBM	International Business Machines
IP	Internet Protokoll
IT	Informationstechnologie
IVT	Intel Virtualization Technology
MMX	Multi Media Extension
NIC	Network Interface Connector
OS	Operating System
PC	Personal Computer
RAID	Redundant Array of Independent Disks
SAN	Storage Area Network
SSE2	Steaming Internet Media Extensions Level 2
SSE3	Steaming Internet Media Extensions Level 3
SVM	Secure Virtual Machine
TPR	Task Priority Register
USB	Universal Serial Bus
VLAN	Virtual Local Area Network
VM	Virtual Machine
VMM/VMI	Virtual Machine Monitor / Virtual Machine Interface
VPN	Virtual Private Network